María Teresa Sánchez Martín

CREDO GAIA

EDITORIAL CUADERNOS DEL LABERINTO
—Anaquel de poesía, nº156—
Madrid • MMXXVI

Que tus ojos,
luciérnagas cósmicas,
amanezcan pronto.

Después,
al otro lado del agua,
sólo recordaré lo amado.

GAIA

Cuando la tarde
abrió su boca de borrasca,
sus labios gruesos, crepusculares,
maquillados de púrpura;
Gaia derramó sus lágrimas
y el Espíritu
que caminaba por las calles
traspasó la insondable dimensión del tiempo.

CREDO GAIA

Caen visillos sobre el escapulario de la luna,
en el pórtico del horizonte
reclinada se abrasa.

Ave purísima aurora,
que alzas en tus brazos al sol infante.

Entre los dedos un rosario lácteo se desliza,
jaculatoria de estrellas,
padrenuestro cósmico,
letanía de cirios encendidos
en el altar del templo nocturno e infinito.

Salve, espíritu virginal,
incendia mi pecho penitente.
En tu credo sumerjo mi boca,
en mi boca el salmo.
Custodia que acoges la luz de la vida
bajo el palio cristalino de esta noche.

Tu cielo se vierte en mis pupilas,
tu velo me desvela,
tu agua bendita me infunde de fuego el bautismo,
me baña en el río sagrado,
de gracia me viste.
Sea así.

LAS ÚLTIMAS ESPIGAS

Yo recogí las espigas
de la tierra de mi padre
cuando los guardianes del mundo
andaban solos por los caminos.
Ladraban sus lebreles
y el eco repetía, lejanamente,
los nombres de los muertos.

La luz tornasolada desciende
al encuentro con la noche.
Los senderos desolados,
ni un alma frecuenta
los montes atardecidos.

Cuando vuelvan, si regresan,
se habrán borrado los nombres
del lugar y de las cosas.
Caerá la lluvia, llanto sin cauce,
por el abandono y el olvido.

Yo recogí las espigas
supervivientes de la postrera siembra,
las últimas espigas
de la tierra de mi padre.

Pan de centeno traigo
para alimentar los nombres
del lugar y de las cosas.
Pan de centeno traigo,
memoria para mis ojos.

AMANECE

Amanece, de la luz cobijo,
nidos grises de templanza,
postrer intento de la sombra.

Amanece.
Sobre los hombros del mundo,
empapado de noche,
celosa de la luz,
la niebla carga implacable su espesura.

Espectro tiende, sin embargo.
Beso de vida
que al hombre inflama su horizonte.
Nubes, pañuelos que enjugan
del sol las lágrimas.

ARQUITECTURA DE LA FLOR

A mí sólo me importó la rosa
y su arquitectura,
lo demás era polvo en el polvo
para un paladar sin firmamento.

Después lloramos
por la absurda circuncisión del aire,
por la imperativa potestad del agua,
por el enigmático esplendor de la belleza.

ELEGÍA A UNA HOJA OTOÑAL

¡Qué belleza tu muerte!
Tu limbo en verde matizado.
Tu lento declinar a ocres tarde a tarde.

Enjuta orilla, quebrada arista.
Late el peciolo al punto del abismo,
próxima tu última danza,
y, sin embargo, en esta tarde,
¡qué belleza tu muerte!

Celosa, guardas la sombra de un pájaro
que posó su sueño en tu cuerpo liviano,
el quiebro de escarcha
en la noche oscura de los miedos,
de sol y lluvia, la risa y el llanto.
¡Qué belleza tu muerte,
silenciosa, tibia, resignada!

Humus serás como los escombros
frágiles de mi cuerpo,
en tu latir último, en mi último aliento,

transmutación al barro,
disolución al seno de la tierra.
Humus serás y, sin embargo,
¡qué belleza tu muerte en esta tarde!

JARDINES

Los árboles lloran, Gaia,
en jardines de porcelana,
sus ramas susurran
la memoria impoluta del aire.

En praderas de terciopelo
minúsculos fragmentos del edén
yacen en urnas cúbicas de plástico.

Mientras,
en el tablero azul de la mañana
castañuelas de luz bailan.

EL HUERTO

Si recuerdas
en el huerto nuevo, recién prendido,
el olor de los brotes que apuntaban,
el del barro pisado y la higuera,
el olor del aire impregnado de lluvia
mojándonos el rostro y las manos.

Si recuerdas el huerto,
el olor de la tierra que arrastramos.

MONTES

Finalista en el certamen nacional
«Verso contra verso»

Un horizonte deslumbrante y desnudo,
una mirada extensa que en la lejanía
alcanza las siluetas azules
de las últimas colinas visibles.

Hay lienzos matizados en ocre,
una sucesión de lomas fecundadas
por el pensamiento reflexivo de la encina
y una línea de álamos que trenza en la superficie
la humedad de un río prófugo.

Hay un silencio plagado de diálogos
aún sin descifrar,
un espacio que expande el cuerpo
y una luz que despliega sin límites el alma.

Es una tentación
seguir los pespuntes hasta el infinito,
palpar con la yema de los dedos
los fulgúreos bordados de los árboles
y descubrir, más allá de la línea imaginaria,
los paisajes que aguardan
tras el doblez encubierto de los montes.

LA CALLE DEL CREPÚSCULO

El horizonte fue muriendo
lentamente ante mis ojos,
le vi ahogarse
con bufandas de hormigón.

Quedaron calles o pasillos
por donde apenas llega
la misericordia del crepúsculo.

VESPERTINO ASOMBRO

Huella o flor,
lágrima en el viento,
pincel de verde y azul,
verso o crepitar de semilla
o árbol.
Roca en la memoria
del vespertino silencio.
Ave o agua
o beso de algún astro lejano.
Aullido creciente
en la profunda garganta del monte,
reflejo de vida o muerte
en su danzar incesante.
Estrella próxima
posando el último beso de luz
en la orilla visible del día.

HOJAS SECAS

Las hojas secas pasan
arañando las calles.
Las hojas secas bailan
claqué en las baldosas del parque.

FRUTO DE LA TIERRA

A mi hija

Te pegaré a la tierra
para que brotes encendida
con la vivacidad de las amapolas,
para que crezcas robusta
sobre los montes amplios del futuro,
para que te sepas hija de mis ciclos lunares,
fruto de mi conjunción de estrellas.

Te sembraré más allá del declive
donde el huerto reverbera fértil,
donde el agua acaricia su amorosa espalda,
hasta que fructifiquen tus trenzas
racimos para el paladar del alma.

Te pegaré a la tierra perfumada de espliego
hasta que broten primaveras en tus ojos,
para que siembres tú la semilla desechada
en la tierra donde todas las batallas se perdieron,
para que florezcas allá donde al fin la vida
alzará su victoria.

TRAE EL VIENTO

Trae el viento
fría tonada de otoño
y noviembre.

Húmedas mejillas,
plomizos los ojos
de diciembre.

Grises de nostalgia
sonrisa de oro,
pero miente.

MAYO

Adoro esa locura tuya
de sonrisas y lágrimas,
ese parpadeo súbito
de sombras y de luz
entre las bambalinas
gaseosas de las nubes,
y esa íntima frescura
de mañanas perfumadas.

IMPOSIBLE SILENCIO

La fuente insoportable del escándalo
destila ruidos que enmudecen a los pájaros.
Voces ametrallan
con munición de barbarie
los espacios de la música y del canto.

El silencio ha muerto.
Descanse en paz.
Imposible.

PRIMAVERAS INACEPTABLES

Está engendrando el invierno
primaveras inaceptables.
En su locura,
le brotan flores al almendro
donde la escarcha debiera lucir
frágiles estructuras de diamante.

LIRIO

Cuánto has crecido, lirio,
pareces un ciprés
regado con sangre
y expiración de azules.
Pareces un ángel agazapado
entre los crespones morados de sus alas,
allá en su mástil o cruz,
esperando el día del juicio.

FAZ DE LUNA

Lucero que de la Luna
te descuelgas como lágrima.
Gota nacarada que vence
la atmósfera que me abarca.

Por contemplarte soy
faz de luna en torno a ti.
Ven a mí cuando fluyan
corrientes de efluvios solares.

Ven a mí, hazme recordar,
refréscame la memoria de lo que seré
cuando sepa mi edad
o la hora de tu fusión en el cosmos.

CONFIDENCIAS

Toda la mañana es un monólogo de viento.
Susurra al oído de las ventanas entreabiertas
y a las rendijas siempre atentas a su voz.

Viene,
dice de un viaje orbital
y unas lágrimas de no sé qué llanto mudo
me salpican la cara.

BELLA DURMIENTE

Descubrid hoy,
a la puerta de las sombras crecientes,
meciéndose en el aire,
moribundas las hojas saciadas de sol.

Alimentadas por la luz
yacen henchidas de oro sobre la tierra.
La vestirán con su traje de gala
para que luzca hermosa la bella durmiente
noventa días invernales,
hasta que al fin despierte
con el beso de amor
que encenderá en su cara rubores,
la primavera.

EL ÚLTIMO FRUTO

Si mis manos, Gaia,
han de volver a arañarte,
no me niegues el último fruto.

Voy unida a tu pálido cuerpo esmeralda,
agarrada a tu seno ocre, esperaré de ti
la última gota, limpia y dulce
de tu leche de madre.

Fui desterrada por los hombres,
aún colgada de tus pechos escuálidos
transito por la extensa aridez del mundo.

Y sé que no grité,
que no abracé tu cuerpo con mis manos,
que no hinqué mis rodillas para invocar,
con fértil ritual, tu corazón de barro
y ese dorado milagro de espigas y de vid.

Yo no soy de allí,
escapé de la ciudad de los prodigios
y si alguna vez regreso, ya cansada,
guárdame un pedazo de tu pan
para calmar mi hambre de esperanza,
para calmar mi sed de caminante
derrama sobre mí tus lágrimas.

SONETO
A UNA PRIMAVERA IRREVERENTE

Afloras, primavera irreverente,
invitas al perfume de tus rosas,
extiendes pinceladas luminosas
y mi pesar desprecias, insolente.

A mí, hoy me llovieron las espinas
de todos tus rosales encendidos.
Sangrando van torrentes mis sentidos
rocíos de dolor que no imaginas.

En mi tierno frutal no madurado
no he de hallar la virtud de tus albores.
No tendré la alegría a mi cuidado

en el triste lugar donde me encuentre
porque vengo de enterrar entre tus flores
la rosa más preciada de mi vientre.

MÍNIMO CAUCE

Pasa el río por la vereda olvidada
y se filtra en el pecho sin orillas,
inunda el corazón su caudal sereno.

El murmullo pulcro de su lengua
desconoce el vértigo,
limpia de hollín la sangre,
acuna con la canción del origen
que la vida canta.

Pasa y bebe en un instante
con su labio frágil y cristalino
la pesadumbre plomiza, cotidiana.

Deja en su arrullo las semillas
que en la piel serán árboles,
hierba en los poros, en los pies raíces,
en los dedos ramas.
Los ojos, gotas de agua,
acaban arrastrados por su mínimo cauce.

HEREDEROS DE LA TIERRA

Si vierais las fuentes de arena cegadas,
feraces vergeles de cicuta infectos,
playas de gaviotas mudas y desiertas,
no lloréis por ellos,
llorad por nosotros y por nuestros hijos
herederos de la Tierra.

Si vierais el aire de cuerpo invisible
severo enemigo violentando el pecho,
si vierais los frutos sin su primavera,
no lloréis por ellos,
llorad por nosotros y por nuestros hijos
herederos de la Tierra.

Si vierais extintos el cóndor y el ibis,
el vientre marino exhausto de especies,
ahogadas las aves en cepos de brea,
no lloréis por ellos,
llorad por nosotros y por nuestros hijos
herederos de la Tierra.

Si vierais las uñas avaras del hombre
arañar los campos sin justa medida
y en matriz amarga crear sus quimeras,
no lloréis por ellos,
llorad por nosotros y por nuestros hijos
herederos de la Tierra.

Si vierais la selva en boca de fuego,
antorcha en los brazos de anchas ambiciones,
insignes linajes a destierro y miseria.
No. No lloréis por ellos.
Llorad por nosotros y por nuestros hijos
herederos de la Tierra.

DIÁLOGO CON EL DUENDE

Oro viejo prende de las ramas.
Baila el duende.
—¿Dime, dónde, duende?
¿Dónde sin música tenemos el corazón?
—Sí. Yo sé de la música.
Pájaros incansables
sobre pentagramas de alambre,
arpas de cristal,
solistas al atardecer sin público.

LIENZO DE OTOÑO

Sobre un lienzo el otoño,
verdor profundo al frente
de encinares. Los troncos
de cuerpos perlados
aún sostienen verde
de un estío derrotado.

Pintan otoño los álamos
con caprichosa armonía,
los iluminados rostros
de las hojas que robaron
al fuego del mediodía
reflejos de verde y oro.

Quizá las uñas del viento
desgarren sangrando azules
los cobertores del cielo,
quizá la lluvia dé luces
de arco iris encubierto.

DÉJAME LA TIERRA, PADRE

Déjame la tierra, Padre,
aunque dormida,
para recostar mis huesos
ya cansados,
para contemplar la vida
que decrece
por sus montes desolados.

Déjame la tierra herida,
muerta, acaso,
aunque el olvido le muestre
su cadalso
que yo cubriré sus fuentes
con mi llanto.

Aunque el candil de la luna
se apagase
y no quede estrella alguna
que inflame
su esplendor en la laguna.

Déjame la tierra, Padre,
que regreso
con los hombres que la empapen
de esperanzas,
compartiendo todo un cielo
amplio de mies espigada.

MAR DE TRIGO

La espalda del monte
descansa en el viento
escribe la historia
de flores y espinas.

Del jardín, el lienzo
al sol extendido,
las rosas arropan
el ojo del cielo
ahora dormido.

Esperan en verde
la luna que acoja
un nuevo prodigio.
Bajo el plenilunio
late un mar de trigo.

PRISMA

El prisma de las pupilas desvela
la desmedida luminosidad del monte.
Álamos abstraídos en su esbeltez,
robles erguidos en su fornida espalda,
lomas mansamente acurrucadas
acogen colosales criaturas pétreas.
Y en el abrazo amurallado de los prados
cruces se alzan bordadas de líquenes.

La luz crepuscular corona las encinas,
regias majestades de feudos áridos;
como una antorcha lame las caderas del monte,
prende el rubor de los matorrales agostados.

La perspectiva del cosmos revela
con sutiles espejismos el paisaje.
Frente al prisma de las pupilas,
en algún lugar está el arcano.

ESPECTRO

Abanica el espectro de la luz
el silencio de los árboles yacientes
y el viento no sabe
con quién hablar esta noche.

Abanica el espectro de la luz
el amoroso murmullo abatido
y los niños lloran
la carencia de sus mecedoras ramas.

El tic-tac de un reloj
vocifera desde algún lugar,
indiferente al dolor y a la ausencia.

LLUVIA

Ven, sumerge tus ojos,
sangran versos de lluvia
los costados de los caminos,
estrofas serpentean a ras de tierra.

Ven, verás cómo se estremecen los cauces
en la quietud aparente de las sombras.

Ven, vibrarás como los pétalos de flor
vibran con el beso de luz de tu mirada.
Y verás que la lluvia
es un verso en el camino
y escucharás la rítmica voz
del fluir de sus aguas.

EL RÍO QUE PASA

Es primavera,
vamos a ver el río que pasa
acariciando de mi huerto
la espalda.

Quiero escuchar en silencio
el rumor del agua
que cuenta la infinita leyenda
de todas las almas
mirándose en los espejos
desgajados del alba.

Veremos las semillas que aguardan
asomadas a la orilla
serena y clara
para germinar mis versos
en el río que pasa.

LATIR NOCTURNO

Puedo rozar desde aquí
con la yema de mis versos
la fuente donde nace la noche.

Los grillos sostienen con su canto
la estructura del latir nocturno,
rompen suavemente el silencio,
la frontera entre la quietud del tiempo
y la irascible velocidad de nuestro cómputo.

A pesar de nuestro transitar de vértigo,
ciegos de deslumbramiento,
las luciérnagas sobreviven.

DESCALZA

Descalza en el último escalón,
bajo mis pies, la noche.

Quise beberme el mar de un sorbo,
pero aún no se habían encendido
las estrellas para sanarme.

ORILLA INABARCABLE

Desde la balaustrada de piedra, la noche
parecía haberse tragado el monte,
lo había transformado
en una cúpula de oceánica negrura.

En la otra orilla inabarcable,
grupúsculos de incandescencia
bordaban de encaje el horizonte,
y en el planisferio celeste,
ebrias de eternidad, sobre nosotros,
las cúspides del cosmos
vistiéndonos de impoluta frescura.

En la balaustrada,
enfrentamos el vértigo esférico
de soportar sobre nuestro pecho
la bóveda estrellada
absorbiendo su magnánima pureza
en nuestras mínimas pupilas.

SEIS CAMPANADAS

Seis campanadas
lanza su voz el viejo reloj al mar.
La sombra en el papel de la alegría
dibuja la tarde y las dalias sanan
nostalgias de musgo en la pared.
Al abrazo de la encina
se acurruca la hora abandonada
y la brisa murmura canciones de amor.

Sana, esfera de día,
con flores y perfumes de azahares
la hora solitaria,
restablece el anillo de tu luna desgarrada
y el mágico tic-tac
de las hojas desprendidas al caer.
Gotean los minutos,
las hojas desecadas por el viento y por el sol
a tierra se acumulan,
presagio de las horas que quedan por pasar.

ROSA OTOÑAL

En la umbría, un poema o fruto
brota como rosa otoñal.
Sobre la vertiente crepuscular del monte
despliega larguísimas espigas de oro,
incendia el verdor retoñado
y la perenne espesura del boscaje.

En el tronco y su profundidad,
la gran matriz fecunda
nutre subterráneas arterias,
raíces de un corazón infatigable.

Brota una rosa otoñal
para saciar la sed del nómada,
para tomar en sus manos la tierra
donde los sueños fueron fértiles
y caminar cosechando valles o laderas
o cursos levísimos de agua.

LA SEMILLA

Desde las fosas de tu légamo,
desde los poros de tu lava muerta
sin respiración ni sangre desbordada,
me levantaré.

Habitaré las ruinas
de la ciudad ahogada en el desierto,
romperé las barreras de tu océano de asfalto,
más allá de la prisión
en la que ahora me confinas,
me levantaré.

En la profunda alcantarilla
de tus residuos tóxicos
me alimenta un rayo de sol esta mañana.
Mi tallo romperá las rejas
y me levantaré.

Soy la semilla que creíste extinguida
en la encrucijada de todos tus caminos.
Por encima de tu cetro y tu linaje,
me levantaré, me levantaré,
me levantaré.

MAÑANA LAS ESTRELLAS

Si mañana las estrellas
vertiesen su cáliz amargo
sobre nuestros ojos,
no tendríamos más remedio
que despertar, para ver
como el auriga del viento
precipita la tundra de otras latitudes
sobre nuestros campos sin amapolas,
sobre nuestros campos
sembrados de desolación.

A PESAR DEL INVIERNO

Abro las puertas a la mañana.
Le digo:
—Pasa, traes hoy rostro de primavera.

Gaia responde con voz de gorrión
y un cucú arrullado de tórtola.

Ignoro el sonido bronco, monótono y lejano
de los caudales imparables de acero
que, veloces, siempre se repiten.

Campanas dicen adiós
a quien toma billete sin retorno,
otros corren para no perder los raíles de la vida.

Sí, a pesar del invierno,
tienes canto de mirlo esta mañana.

AYER LA LUNA VINO

Ayer la Luna vino a visitarme,
se sentó en el jardín como una diosa,
extendió su cuerpo blanco sobre la hierba,
apoyó su espalda ancha sobre un árbol.

En su espera creciente
pintó las rosas con pinceles suaves,
barnizó las piedras del muro
para que la parra vertiera su sombra,
dio al tejado su velada luz
descubriendo el arrullo de los gatos.

Y sucedió el encuentro de la Luna
y el viejo farol del portal,
diálogo de luz a luz, nocturnas confidencias.

Ayer vino la Luna a visitarme y yo no estaba.
Abducida por una extraña fluorescencia,
habité una calle plomiza y fría,
en un laberinto eléctrico,
promesa de un paraíso de plástico.

SINTAGMA

Sintagma de pájaros en gris,
el cielo atormentado
y el viento,
aureola en los árboles.

CUARTO CRECIENTE

Luna, lame
con tu lengua
láctea, dulce,
lomas suaves
de mis campos.
¡Qué bondad!

No me niegues
la blancura
de tu beso
y las noches
al abrigo
de tu faz.

Luna buena
viste pronto
nubes frías
con tu rostro,
blanca seda.
Ten piedad.

BRIZNAS DE HIERBA

Surgen fragilísimas briznas
entre los adoquines de la calle,
Si las pisas morirán,
más no te burles con tu huella en privilegio.
No descuides tu paso ni tu arrojo,
no confíes tu fuerza en aplastar
su aparente debilidad.
Viento huracanado abate los cipreses
pero a ellas apenas logra conmoverlas.

Allí donde los imperios alzaron insignias
devorando de centurias las calzadas,
templos de jungla reinan hoy,
asfixiadas imágenes.

Las ves, enredaron lentamente
el vuelo a ras de tierra de tus ojos,
para que digas que levantaron murallas
con sus dedos frágiles.

HUMUS

Oculta bajo este abanico
de ocres quebradizos.
Cubierta con su manto dorado,
luminoso y húmedo corazón.

Lombriz que ahueca
la fertilidad del tiempo,
parsimonioso, cruento,
a la vez veloz e indulgente.

Oculta hasta que pase la vida toda
o se rompa la ausencia.

Seré humus.
Fermentará mi sangre
hasta florecer después
de todas las caducas primaveras
y saber de la luz que nunca muere.

ÉRASE UNA TARDE DE ABRIL

Érase una tarde
de abril y de lluvia.
Érase una tarde
de verde encendido,
de voces lejanas
sin pena ni gloria,
de juego de pájaros
y canto de niños.

Érase una tarde
de ahuyentar las bocas
de cántaros huecos
henchidos de ruido.
Érase una tarde
refugio a la sombra
de troncos tallados,
de versos escritos.

EQUILIBRIO Y CALMA

Perdimos el equilibrio y la calma,
las manos que en el alfar
acariciaban contornos por nacer.
Perdimos los dedos que trenzaban juncos
a la sombra plácida del tiempo,
enea y palma para el reposo y el pan.
Perdimos los brazos tejedores de redes
que a la mar fueron bridas.

Perdimos el equilibrio
y las bocas que hilaban historias
a las puertas de la noche,
que amasaban pacientes
horas dulces para el día.

Perdimos el equilibrio y la calma
de los pasos lentos en caminos largos
que daban respiro a la palabra,
firmeza al pensamiento,
que unían los fragmentos
de la vida pasada y por pasar.

NO HAY POEMA MÁS HERMOSO

No hay poema que alcance
la belleza de una lágrima ambarina
inmóvil ante el beso del crepúsculo,
ni hay verso más sublime
que esa flor minúscula, solitaria y azul,
que brota en el corazón de la roca.

No hay canto más exaltado
que el despliegue de luz
de una nube fecunda de sol,
fértil de tormenta.
Ni rima más profunda
que la sucesión de lomas
acurrucándose amorosamente,
difuminando el horizonte
con éxtasis de niebla.

No hay poema que contenga
palabras más bellas
que la silueta de una cumbre altiva
conversando una noche con la luna.

JULIO

La noche es clara y serena,
la luna creciente.
El sonido de un cencerro lejano y monótono
acuna el descanso.
No hay forma poética
de describir la calma que se cierne.

La noche duerme dilatada
sobre los campos y las casas
como un pacífico y gigantesco buey.

No hay nada más.
Silencio.
Unos perros ladran intermitentes.
La noche es amplia y liviana.
Silencio.
No hay nada más.

Algo debe gestarse en esta noche.
Alguna estructura compleja que nace única.
Alguna vida única que acaba.

Los perros ladran de nuevo.
El cencerro monótono sigue.
Los grillos cotidianos, siempre.
La noche.
Silencio.
No hay nada más.
Silencio.

ESPEJO ROTO

Se está empañando, hija mía,
el espejo de arena y de agua
que aquella mañana de norte,
en que agosto declinaba,
reflejó tu graciosa imagen.

La boca, que entonces
retumbaba en mi pecho henchida de sal,
vomita hoy enferma,
y blasfema una negrura estampada
en la filigrana de todo lo puro.

En las grietas, donde se dilataba la calma,
ahora, amarga la penumbra, brota
como sombra del infierno que repudiamos.

ALBA

La madrugada está gestando azules
y aunque la ausencia es continuo vértigo,
me detengo aquí, a la orilla,
a contemplar el milagro del alba.

BOCA DE SAL

A veces beso templado
de azules y de cristal.
Canto amable de sirena
que posa su cuerpo alado
sobre la arena.

A veces, rugido fiero,
dentellada de dragón,
vientre que frío y certero
a la Tierra templa el corazón.

Pieles de roca
redoblan sus tambores.
Luna creciente que toca
en la noche sus honores
sobre mi pecho y mi boca.

Ecos de agua,
llantos de caracolas atlantes,
tumba de fieles e infieles
de humillados y gigantes.

Descansa, oh emperador,
en tus imperios dormido,
concédeme tu favor
boca de sal y furor,
voz de canto enardecido.

TENTACIÓN

Tuve la tentación de cambiar
una lámpara de neón
por una noche
de estrellas embriagada.

Busco porque esconde
mis respuestas
la inmensidad del orbe.

VIENTO DEL OESTE

Viento del oeste,
bárreme el pensar irrefrenable,
la nostalgia amplia de la noche,
el silencio que serpentea por las calles
atravesado por mil espinas de bullicio.
Bárreme los recuerdos que no amo
y nombres del olvido, pero no,
no me barras nunca las estrellas.

LA NOCHE MURIÓ

La noche murió aquí.
La encontraron acribillada
a balazos eléctricos y a ráfagas de neón
al atardecer de un día cualquiera,
hace muchas décadas.

Desde entonces, su cuerpo
es horadado por proyectiles lumínicos
para asegurar que su serena penumbra
no recobra su manto.

En sus dominios brillaba la auténtica luz.
Millones de soles,
bajo el incendio de su lienzo,
viven.

CHARCOS

Formamos ramilletes,
abanicos de colores.
Creamos dibujos en la tierra,
la lluvia cae y los diluye.
Aplaudimos, festejamos,
velos irisados se deslizan en el agua.

El hombre tiene los ojos de barro.
El viento devastará la flor,
desgajará el abanico.
El sol se beberá los charcos.

Algo quedará en el viento,
en la tierra, en el agua.

EL JARDÍN DE NOVIEMBRE

Nostalgia de luz.
Pálida frente del cielo.
Bésame, única rosa, en los labios.

Cristalinos de agua
lloran esta tarde contemplándose.

Quedan así perennes
los cabellos largos que cubren el rostro.
Telón cae.
Pátina verdosa
para no ver más allá,
¡Oh, el jardín, solamente!

El frío hiela las lágrimas
en un cristal de grises,
perfumes de hierbabuena
acuden a la consolación.
¿Dónde está mi jardín de noviembre?

ENSOÑACIÓN

Cisne de nocturno plumaje,
sonámbulo pintor de alas abatidas,
juegas a dibujar arcaicas leyendas,
a rayar con tu pico la nula superficie del ahora,
a enlazar tu cuerpo en las alturas
y picotear estrellas
desde su origen cósmico.

Contempla, desde la esbeltez de tu cuello,
la belleza serena de la luna menguante,
porque un dardo de vertiginoso nácar
sobre el agua se desploma,
justo aquí, en este instante,
y una flor desgrana pétalos
o disecadas lágrimas.

Sigue dibujando estelas de finísimo silencio
sobre las aguas sedosas de la noche
que yo estoy enredada
en la dulce penumbra de mis versos.

AL RECUERDO

Regresar a la ondulante marejada de trigo,
al sopor aplastante de la tarde.
Algarabía de chiquillos en la plaza,
regresar al estival concierto de la infancia.

Inconsciente ceguera de todas las angustias,
de todos los sudores, inconsciente ignorancia
de todos los pesares, de todas las tormentas
que el grano cosechado amenazaban
y la tempestad que vencía el sofocante estío
y el infinito azul de plomo.

Regresar al indolente transcurso de los días,
al frescor de las noches acaudilladas de luna,
cortejadas de estrellas;
a las luces que, tan frágiles,
morían a toque de relámpago
o bajo platillos pasaban la penumbra temblando.

Regresar a esas luces
aunque sé que nunca iluminaron mis pasos
en las calles henchidas de tinieblas.

Regresar a la aventura
de todos los temores inventados,
al vértigo de la inclemencia inesperada,
a la presentida gracia de los cielos.

Regresar, regresar
a la dulce inocencia de las manos blancas.

DE NOCHE

Contemplo la noche desde dentro
palmatoria en la mano,
de vigilia vestida.

Los pinos se doblan al viento norte,
la lluvia fugaz e implacable
rompe espejos de estrellas.

Con la nariz pegada a los cristales,
esperar, oh corazón nocturno,
la serenata del viento,
recobrar el diálogo en el pulsar y su luz.

Ahora recuerdo que aprendí
de compasión y confianza.
Ahora recuerdo que aprendí
que no me abatirán las sombras.

EL MONTE DEL CREPÚSCULO

Desde lo alto del monte
la ciudad guiña millares de ojos encendidos.
Nunca me dijo nada.

Murciélagos abstractos
sobrevuelan la dama muda.

El río deja su lamento
enjugando en la orilla su rostro.
Lavadme —dijo—, llevo la sangre
envenenada de abandono
y el espejo velado de amargura.

Yo quise quedarme
en el monte del crepúsculo
y no volver
para contemplar solamente
la belleza transfigurada.

NIEBLA Y SILENCIO

Cae la tarde en noche adelantada.
La niebla desciende por los montes
velando el crepúsculo que tiembla
en latitudes colmadas
de soledad e infinito silencio.

Antes de la definitiva tiniebla,
la hora se detiene en la luz plomiza,
borda quietud en el pálido lienzo
que sostiene el marco de la tarde.

Se apresuran hacia el hogar los pasos
donde aviva el fuego un alma invernante
que en su cobijo se despereza.

HOJA

No hay retorno,
no sé dónde me llevará el viento.
No volveré a la rama, ni será el árbol
quien dicte mi reposo
o aliente mi vuelo.
A tumbos
desde el barro al firmamento,
desde la cumbre del aire
al humus del suelo.

CANTO GRIS

Tras los cristales
la eternidad del invierno,
la lluvia y su canto gris.

Al frente,
flores prematuras
en un famélico almendro,
a punto sus pétalos del llanto.

BÚSQUEDA

Abrazo amplio del pecho
húmedo de hierba,
arrullo de agua
clara entre tinieblas,
cobijo en los brazos
de la madre Tierra,
del aullido el viento
cósmico que arrecia,
lejos de la tarde
azul sin respuesta.

Busco en esta noche
desvelar las letras
que forman mi nombre,
horas que gotean,
lágrima calcárea
de textura etérea,
rompiente de roca
que siempre está alerta,
garganta del eco
que nunca se encuentra.

ÁRBOL

Moriremos sin ti,
criatura amada de la tierra,
que elevas tus cánticos al aire
y al cielo plegarias.

¿Quiénes, bajo el refugio de tu palio,
iluminado por las vidrieras
donde late la luz,
no escuchan los salmos
de la brisa en tus múltiples alas
ni descubren la cruz
en el robusto cirio de tu ofrenda?

¿Quiénes, más inmóviles que tú,
no honran tu presencia e ignoran
la sabia de tu heredad?

ÓLEO

Verdes y plomizas,
plumas afiladas
enjugan las oscuras
lágrimas del olivo
sobre la plana palidez de la niebla.

NO SON CAMINO

Han cerrado los caminos allá al fondo.
Han prohibido la visión moribunda
de las últimas lentes de la tierra.

Se puede ver aún algún árbol
llorando junto a la acequia
sin conseguir calmar su sed de lunas.

Han cerrado todos los caminos y hoy
tenemos, otra vez, para cenar
filetes de asfalto.

Los nuevos barrios están tapizados
de terciopelo verde,
envueltos en papel de celofán azul.

Es inútil conversar con las calles,
vestidas de brea,
no guardan tus secretos
ni susurran a tus pasos, no son camino.

CLEPSIDRA

La rosa tiene sentido
ante los ojos del asombro.

Las chimeneas exhalan
la incineración del verano.

El humo traza
la migración de los pájaros.

Los troncos se resisten al olvido
inyectando retoños de esperanza
a las ramas agostadas.

Y todo es arrastrado
por la gélida corriente de clepsidra,
verdugo inquebrantable del presente.

AL CENIT, UNA LÁGRIMA

Al punto del cenit
estalla dolido el crepúsculo.
Después sólo queda
navegar en una lágrima
o guardar el equilibrio
en el frágil hilo del día.

PÁRAMO DE NIEBLA

Cuando la temprana bruma
invade el lugar de la nostalgia,
los recuerdos se acurrucan
en las paredes templadas.

Allá en el horizonte fluctúa
la quimérica puerta del ocaso,
el páramo de niebla,
el retorno al hogar amado.

MONTE DE CENIZA

Centenaria sombra donde la pluma
halló descanso.
En forzada desnudez
sólo fuiste sombra hoy, sombra fúnebre,
inmensa y triste esmeralda de luto teñida.

Dos cirios encendidos
o dos lágrimas ardientes
quedaron temblando en la mejilla de la tierra,
incendiado y dolido llanto.

Un aullido amargo de silencio velaba el monte,
bajo una luna sin lobos ni duendes,
bajo una luna sin nidos ni luciérnagas,
bajo una pálida luna de hollín velada.
Hoy los caminos, impotentes brazos abatidos,
circundan una negrura incomprensible.

—Arrancad esta abrasadora noche de mi piel—.
Grita Gaia desolada.
—Arrancad la noche que me hiere,
porque sólo en mi cuerpo veréis el día.

CARENCIAS

En la línea transversal
las palabras adelgazan,
convertidas en hilos finísimos
se pierden en las alcantarillas de lo cotidiano.
Algo falta en esta tundra
deshabitada de nombres.

Faltan flores
iluminando los párrafos sin alma
y en las calles faltan caracolas
cantando las sinfonías del mar.

Faltan luceros
en el diseño fantasmal del cielo
plagado de fósforos efímeros
y faltan voces que hablen de volver
al pálpito maternal de la Tierra.

LA SOMBRA

A mí, dejadme la sombra,
la sombra y el viento,
el horizonte pintado
de encinas y campo abierto.

A mí, dejadme la sombra,
la sombra y el árbol;
quedaos con las luces
de vuestros soles muertos.

A mí, dejadme la sombra
y el murmullo del silencio.

EXILIO VOLUNTARIO

El mundo bulle
al otro lado de la frontera invisible.
Algunos tendemos el puente,
optamos por el exilio voluntario.

Aquí la noche se vuelca toda
sobre nuestros sueños
y nosotros, en vigilia,
la bebemos hasta embriagarnos,
tal es su dulzura.

HERENCIA

Te dejaré un árbol
en herencia de lo que soy,
un tronco ancho, unos brazos,
unos ojos verdes bebiéndose
con ansiedad la luz.

Te dejaré la raíz y la sombra
y los dedos, vástagos del barro,
predecesores del cielo
o de una tierra nueva.
Y recuerda que será perpetua
su efigie en tu pecho.

REIVINDICACIÓN

En este invierno los árboles,
hacia el cielo,
clamando justicia,
levantan los nudos artríticos
de sus ramas.

GOLONDRINAS

Volvieron las golondrinas,
vertiginoso aleteo,
día y noche bordaba el cielo
anunciando la nueva
en que todo renace.

Gráciles trazos,
trapecistas de libertad.
Repique de alas
en el campanario azul
de la primavera.

CORAL O ESPUMA

Escribir se puede estampada la huella
en la playa y su página húmeda.
La lengua oceánica vendrá
a leer cíclicamente con avidez.

El fondo abisal acoge
el efímero flujo de los versos
y serán refugio de coral
o espuma engalanada
que se disuelve y desaparece.

PLÁSTICO

La frescura se extinguió
entre los tentáculos áridos de la brea.

Respirar sin el olor a tierra húmeda
desertiza el espíritu
bajo la herrumbre del plástico.

Una masa densa e indestructible
ocupa el lugar de la hierba.

IMAGEN EMPAÑADA

Vienes pisando y sin romper
la finísima película espejada
sobre la arena, para mi gozo,
en aquella límpida imagen capturada.

Sin embargo, el mar
aún tiene penumbra en los poros,
brea en los rizos del cabello
y sus uñas pintadas
con la laca de nuestra ruina.

CICLO DE AGUA

Floración de fuentes.
Pétalos licuados se desbordan,
lágrimas de las cumbres.

Murmullos perfuman el aire,
caricias de frescura,
cánticos finísimos de sol.

Florecen las fuentes,
sus tallos tiernos alimentan
el caudal de los troncos hacia el mar,
hacia el mar,
hacia la copa frondosa del mar donde mueren
y retornan a la corola del aire
de rocío purificados.

CONDICIONAL

Si ambiciono un estanque
tan grande como el mar
agostaré la fuente.

Si deseo un jardín
amplio como la selva
devastaré Amazonia.

Si mi espíritu no se sacia
del vértigo que respira
agotaré la atmósfera donde existe.

Si no quiero saber
no se desplegarán para mí
los rollos de la ciencia.

Si no quiero mirar
no podré ver ante mis ojos
el fragmento de verdad que me pertenece.

Si no quiero escuchar, no podrán,
en mi corazón de tierra,
susurrarme el rumor del mar
las caracolas.

LA GOTA DEL EDÉN

Esta loca obsesión
de andar bajo las piedras
buscando el corazón
de agua de las nubes.

La gota que ofreciera
el legendario edén,
jardín que apenas tuve,
retorno que no sé.

EL RÍO DE LA ABUNDANCIA

El río de la abundancia
desemboca en simas abiertas,
fosas insondables. En sus orillas,
comisuras de crepusculares labios,
quedan los restos del banquete.

La gula coronada pisotea el pan y la carne
ante los ojos hambrientos del mundo.

Los pájaros acuden raudos
a comer las migajas por el suelo
para impedir el enojo de Gaia en las alturas,
pero el impuro olor de sus restos
sobrepasa la atmósfera.

Las semillas de los frutos despreciados
serán estériles,
escupidas por los surcos de la tierra
les negará sus pechos desbordados
la nueva primavera.

UN AGUJERO NEGRO SE TRAGA UN SOL

Un agujero negro se traga un sol.
Trágica metáfora de la muerte.

La antimateria destruye corpúsculos de lucidez,
la hace estremecer con su enigma.

Mientras minúsculos insectos
se devoran unos a otros,
el pez grande se come al pequeño
y los parásitos engordan
a la sombra de bestias colosales,
un sol es engullido por un agujero negro.

Sin embargo, es la estrella que huye
del ambicioso ojo del hombre
hacia otros universos puros.

ÚLTIMO CANTO

No son hojas,
son pájaros que descienden
hacia el cuerpo invernal
y a mi paso ofrecen
a la tierra su último canto.

HUERTO DORMIDO

Dormirá sin esperanza el huerto
de que mañana
arañe con amor el otoño
su espalda.
Será al final su cuerpo
postrera esperanza.

FLUIR

Sólo soy en este fluir,
en este destilar levísimo de azules,
en esta contemplación donde nada es estático.

Partículas se ausentan de mis manos,
atraviesan los límites de la materia.

Escribir caminando,
sorprendidos mis pasos
por la noche que se rompe
en un estallido de verdes en los sauces.

Con los pies descalzos
oprimir la fragancia de los cielos
que en las calles se derrama
hasta ablandar la piel de roca y brea
de los cuerpos amargos.

EN EL FONDO

El fondo de la cueva, la morada
de aguas invisibles, transparentes.
Ensortijado espíritu de agua
en su letargo, más nada se pierde.
Ocultos los ojos vencidos por la luz
y un temor al frío que estremece.

Esporas suspendidas en el aire,
plumas que escriben en el sueño.
Cómo pisar para no quebrar
la ondulante fragilidad del silencio
que vibra hasta hacerse escuchar
por una leve inspiración del viento.

Ya ves, la luz es la fractura
de un techo por el cielo derrumbado
más no hallarás reflejo pretendido
en tus aguas, espíritu cerrado,
si no manchas tu cuerpo con el limo
del fondo en las heridas reposado.

LUZ NUEVA

Hoy te amaneció una luz nueva,
un canto de abril en las yemas del día,
la gestación de un verdor esperado.

Cuerpo débil, sin fruto,
frágil como aquel que enterró
tu tierna raíz desmayada,
sombra liviana que la luz del sol adormece.
Hoy se apiadó de ti la primavera.

INVOCACIÓN A GAIA

Dime, Gaia, si cesó en mi boca tu arenga
o tienes entre mis dedos
huracanes escondidos en espera.

¿Hacia dónde vas, Gaia?
¿Qué luz ansías que te socorra?
¿De qué se nutre la fuerza de tu espíritu rebelde?

Yo me apoyo en ti y tú,
más allá de la noche y de la luz.

ÍNDICE

ACABOSE DE IMPRIMIR ESTA
PRIMERA EDICIÓN DE
CREDO GAIA,
DE MARÍA TERESA SÁNCHEZ MARTÍN,
EL DÍA 17 DE FEBRERO DE 2026,
ANIVERSARIO DEL NACIMIENTO
DE GUSTAVO ADOLFO BÉCQUER

Los extravagantes hijos de mi fantasia, duermen por los tenebrosos rincones de mi cerebro, acurrucados y desnudos, esperando en el silencio que el Arte los vista de la palabra, para poderse presentar decentes en la escena del mundo.

LAUS DEO

EDITORIAL
CUADERNOS DEL LABERINTO

2006-2026